DE L'ILLÉGALITÉ
DU SERMENT ÉLECTORAL.

PÉTITION

ADRESSÉE

A LA CHAMBRE DES DÉPUTÉS.

A NIMES,

DE L'IMPRIMERIE DE P. DURAND-BELLE.

1830.

A MONSIEUR LE PRÉSIDENT ET A MM. LES MEMBRES DE LA CHAMBRE DES DÉPUTÉS.

LE soussigné , membre du collége. du 2.ᵉ arrondissement du Gard , appelé , le 21 octobre courant , à faire partie , comme le plus jeune , du bureau provisoire dudit collége , a demandé , dès l'ouverture de la séance de ce jour , qu'on procédàt aux opérations électorales sans qu'aucun serment préalable fût exigé des électeurs , et a fondé sa réclamation sur le texte des lois existantes.

Sur quoi le bureau , ayant délibéré , a déclaré vouloir se conformer aux usages antérieurs ;

Et alors le soussigné , persistant à croire sa réclamation fondée , a cru devoir protester (1) et se retirer.

---

(1) La Chambre des Députés , dans sa séance du 4 novembre , vient d'ordonner le dépôt au bureau des renseignemens de *cette protestation* qui avait été insérée au procès-verbal des opérations du Collége.

4

Les opérations ont continué. Au dépouillement du scrutin, le nombre des votans s'est trouvé de 250, tandis que la totalité des membres du collége est de 387 ; on pourra donc reconnaître qu'un grand nombre d'électeurs se sont refusés à voter par les mêmes motifs.

Dans ces circonstances, le soussigné, privé de l'exercice de son droit électoral, s'empresse de recourir à la décision de la Chambre des Députés.

En conséquence (1), vu les lois des 5 février 1817 et 31 août 1830, l'ordonnance du 11 octobre 1820, les art. 13 et 40 de la nouvelle Charte constitutionnelle, et le rapport au roi, rédigé par le Ministre de l'intérieur et adressé récemment aux Préfets (2) ;

---

(1) Pour donner plus de publicité à cette première partie de la pétition, les raisonnemens qu'elle contient avaient été adressés à plusieurs journaux.

(2) *Extrait du rapport du Ministre de l'intérieur (M. Guizot).* Suivant l'art. 11 de l'ordonnance du 11 octobre 1820, chaque électeur doit, en votant pour la première fois, prêter le même serment que les fonctionnaires publics. La formule de ce serment, déterminée récemment par la loi du 31 août 1830, est ainsi conçue : Je jure fidélité au Roi des Français, obéissance, etc. La loi du 31 août l'exige des membres des deux Chambres, des administrateurs et des magistrats. — Elle a donc attaché

Attendu que les droits des électeurs sont établis de la manière la plus précise dans l'art. 1.er de la loi du 5 février 1817, qui dispose : « Tout Français jouissant des droits civils et politiques, âgé de 30 ans accomplis (25 ans , nouvelle Charte), payant 300 fr. de contributions directes , est appelé à concourir à l'élection des Députés du département où il a son domicile ; »

Qu'il n'est pas permis de remonter au-delà de la loi précitée , puisque , selon l'art. 20 de ladite loi , « les lois , décrets et réglemens , sur le mode des élections , antérieurs à la présente loi , sont abrogés , » et que dès lors il est impossible de s'en référer aux lois constitutionnelles antérieures , citées dans le rapport du Ministre de l'i..térieur , puisque ces lois sont évidemment annulées en fait et en droit;

---

l'exercice des fonctions politiques , administratives et judiciaires à l'accomplissement de cette formalité. En concourant à la formation de la Chambre des Députés, les Electeurs remplissent une fonction qui tient à l'ordre politique. — Le principe qui a dicté la loi du 31 août s'accorde donc avec l'obligation imposée par l'ordonnance du 11 octobre 1820 , conforme d'ailleurs aux lois constitutionnelles antérieures , qui n'admettaient à l'exercice des droits de citoyens que ceux qui s'engageaient par le lien du serment envers le Prince et envers l'Etat.

Que ni ladite loi du 5 février, ni les lois sub-séquentes sur la matière n'imposent aux électeurs d'autres conditions que celles de l'âge, du cens et du domicile;

Que l'obligation du serment n'est mentionnée dans aucune loi, pas même dans celle du 31 août 1830, qui s'applique seulement aux fonctionnaires de l'ordre administratif et judiciaire, aux officiers de terre et de mer, et, dans l'ordre politique, aux membres des deux Chambres;

Qu'il serait contraire aux idées reçues d'admettre, avec le rapport, que l'exercice de *toutes* les fonctions politiques doit être assujéti au serment, en vertu d'une loi, laquelle au lieu de comprendre dans ses dispositions *toutes* ces fonctions, n'en a énuméré que *quelques-unes : Qui de uno dicit, de altero negat ;*

Que, pour établir violemment une analogie entre les électeurs et les fonctionnaires publics, le rapport a été obligé de ne pas citer textuellement l'ordonnance du 11 octobre 1820, laquelle porte, art. 11 : « Chaque électeur doit, en votant pour la première fois, *préter le serment dont la teneur suit : Je jure fidélité au Roi, obéissance à la Charte constitutionnelle et aux lois du Royaume.* » Et non pas : *préter le même serment que les fonctionnaires publics,* ainsi qu'il est dit dans le rapport;

Que, dès lors, il est évident que l'ordonnance qui

s'adressait directement aux électeurs, en cette qua-
lité, sans prétendre les assimiler aux fonctionnaires publics, ne peut se rattacher, en aucune fa-
çon, à la loi du 31 août 1830 ;

Que le serment électoral n'a été réellement
prescrit que par cette ordonnance du 11 octobre
1820 ;

Attendu que le serment est une condition réelle
apportée à l'exercice du droit électoral, et ne saurait être considéré comme une des simples for-
malités dont il est parlé dans le dernier article de
la loi du 5 février 1817 ;

Que, suivant les principes qui nous régissent
aujourd'hui, des droits fondés sur des lois ne peuvent être soumis à de nouvelles conditions que
par des lois ;

Que l'exemple de ce qui se pratiquait pendant la
restauration ne saurait maintenant servir de règle ;

Qu'en effet, quelle que soit l'interprétation
donnée à l'art. 14 de la Charte de Louis XVIII,
au moins faut-il convenir que cet article avait
autrefois un sens plus étendu ; on pensait géné-
ralement qu'il conférait au Roi le droit de
prendre, de sa propre autorité, certaines mesures
d'ordre public, qui, sans être contraires aux lois,
n'étaient cependant pas commandées par elles. Ce
droit, le chef de l'état ne l'a pas aujourd'hui,

et ses ordonnances doivent se borner *à l'exécution des lois ;* les modifications faites à l'art. 14 ne peuvent avoir d'autre but , et expliquent les changemens apportés à notre législation ; c'est ainsi que , précédemment, on avait laissé à la couronne le soin d'indiquer les formules civiles et militaires du serment , et de régler les cas où il devrait être demandé ; l'art. 11 de l'ordonnance du 11 octobre 1820 était conforme à la jurisprudence constitutionnelle d'alors ;

Mais attendu que depuis, un autre ordre de choses a dû produire la loi du 31 août 1830 ; qu'il a fallu le concours des Chambres pour rédiger la teneur du nouveau serment , et déterminer les diverses classes de citoyens qui y seraient assujétis ;

Qu'il est donc vrai de dire que , sous la Constitution actuelle , tout ce qui concerne le serment est entré dans les attributions du pouvoir législatif ; le règne des ordonnances , en cette matière , est expiré ; la loi seule peut désormais exiger un serment , et l'électeur a , plus qu'un autre , le droit de n'obéir qu'à elle ;

Par ces motifs, le soussigné demande qu'il soit , par la Chambre des Députés, déclaré que, dans l'état présent de la législation, le serment électoral ne doit pas être exigé.

Le soussigné demande en outre que tout projet de loi qui tendrait à imposer ledit serment, soit rejeté comme contraire aux principes actuels de notre ordre politique.

En effet, l'acte du 7 août 1830 en supprimant le préambule de la Charte constitutionnelle de 1814, et déclarant que le trône était vacant *en droit*, a dès lors établi que la souveraineté ne résidait plus en France dans la personne du Roi (1), et se trouvait appartenir tout entière à la nation (2).

Et comme il ne saurait y avoir d'intermédiaire entre les deux systèmes qui se disputent le monde, le principe de la légitimité ayant été détruit, n'a pu être remplacé que par celui de la souveraineté du peuple.

Aussi, ce n'est que comme interprètes du vœu national que les Chambres, dans leur acte du 7 août, ont pu se croire le droit de déclarer la vacance du trône, et d'y pourvoir; elles n'ont pu ni voulu prétendre agir en vertu de leur propre autorité (3).

Les mandataires n'ont d'autres droits que ceux

------

(1) Préambule de l'ancienne Charte.

(2) Nous avons consacré ce principe, qu'on ne pourra plus nous ravir, que la souveraineté vient de la volonté du peuple. (M. Dupin, membre du Conseil des Ministres; séance du 30 août.)

(3) Les droits que le Roi tient du vœu de la nation. (Projet de loi adopté par la Chambre des Pairs, le 14 octobre.)

de leurs commettans. La Chambre des Députés , en parlant au nom du Peuple Français , a proclamé par cela même que le corps électoral , d'où elle émane , renferme la partie active de la nation ; c'est donc là seulement que l'on peut et que l'on doit , dans la situation actuelle des choses , chercher l'expression de la volonté générale.

Or , cette volonté générale ne peut être constatée et légitimement constituée qu'après la manifestation indépendante de toutes les opinions particulières. L'opinion de chaque électeur devient alors inviolable et sacrée , comme fraction élémentaire de l'opinion nationale. Chaque suffrage a le droit de se produire librement ; ce droit est absolu par essence ; prétendre lui donner des règles ou des limites , c'est l'anéantir.

L'autorité primordiale , source de tous les autres droits et pouvoirs , ne saurait être enchaînée , sans que le principe fondamental de la souveraineté populaire ne fût détruit. C'est ainsi que le serment imposé aux électeurs rend leurs droits illusoires , et confisque à son profit leur souveraineté ; s'ils se soumettent à cette condition , s'ils la prennent au sérieux et se croient liés par elle , ils seront forcés de vouloir toujours ce qu'ils auront voulu une fois, ou ce que d'autres auront voulu pour eux ; — ou bien ils refusent la profession de foi qu'on leur demande , et sont privés du droit de voter ; et s'il arrive que ce soit la majorité qui ait été ainsi exilée , quel titre aura l'élu de cette fraction de collége ? Et la Chambre , formée sous de tels auspices et peuplée peut-être de pareils Députés , osera-t-elle se dire l'organe de la véritable opinion publique ?

Les assemblées électorales ne doivent donc plus être assujéties , par un serment, à une forme de gouvernement donné ; elles occupent aujourd'hui la place des assemblées primaires , véritable nécessité du moment. Toutes les opinions y sont licites ; c'est un territoire neutre où la minorité , loin d'être criminelle, a mission de se montrer et de faire constater son existence ; admise au concours , elle peut même, hautement, exprimer l'espérance de devenir majorité ; et tout ce qu'il est permis de lui demander , tant que ce jour n'est pas arrivé , c'est soumission au présent, et non pas abdication pour l'avenir.

Après cela , il est inutile de réfuter les préoccupations du passé. Les colléges électoraux ont quitté la position où les avait placés la Charte de 1814. Alors les institutions étaient descendues du trône , et ce faîte immobile de l'ordre social devait en dominer toutes les variations ; aujourd'hui c'est la nation qui a tout créé ; ce droit entraîne celui de reconstruire , et ces droits sont imprescriptibles ; les rôles ont changé , les devoirs ne sont plus les mêmes.

Soit dit ainsi des Colléges ; passons à la Chambre.

Un gouvernement a été créé par la majorité des représentans du pays (1). Pour être mis en action, ce gouvernement doit être homogène ; on peut concevoir que les Députés , s'ils veulent concourir avec lui , doivent jurer de lui être fidèles tout le temps de leur mandat ; c'est qu'ils auront dès lors des devoirs à remplir envers le Roi , avec lequel ils coopéreront , et qui lui-même s'est engagé. Ce contrat réciproque a produit et maintient l'existence légale du gouvernement; mais cette existence ne peut avoir d'autre durée que celle du contrat.

Dans une société où la souveraineté du peuple est reconnue , le gouvernement , n'existant qu'en vertu de la majorité , doit changer avec la majorité ; l'opinion nationale se manifestant en toute liberté , se donnera des organes chargés d'agir pour elle , et dont le mandat n'aura pas de limites ; comment en aurait-il , puisque les Députés de 1830 se sont d'abord affranchis de tout serment personnel , et ne se sont pas crus obligés par celui de leurs commettans?

Si donc , après une réélection générale , au moment de leur convocation , la majorité des Députés se refusait à prêter le serment ordinaire , il n'y aurait plus de contrat , et la légalité du gouvernement cesserait , puisqu'il se trouverait en opposition avec

____

(1) Séance du 7 août 1830.

le vœu national. Un pareil événement ne serait pas désormais une anomalie. Il n'aurait rien que de légitime et de naturel ; on doit même s'y attendre et le prévoir, et vouloir l'empêcher, en comprimant l'opinion dans sa source, ce serait s'opposer au libre développement de nos principes politiques ; ce serait méconnaître la souveraineté populaire ou la trahir.

Telles sont les suites nécessaires des doctrines de la souveraineté du peuple, devenue le fait social de la France ; nous avons admis ce fait comme tel, sans prétendre en examiner la moralité et la valeur ; nous avons seulement cherché à lui appliquer les règles du raisonnement, et nous ne croyons pas que la logique puisse contester les résultats que nous avons déduits. S'il en est ainsi, qu'on n'accuse pas nos paroles ; elles sont renfermées tout entières dans les principes que d'autres ont posés, et les principes savent enfanter d'eux-mêmes leurs inexorables conséquences.

Il est pourtant des objections qui peuvent avoir un fondement réel, mais dont nous ne sommes pas responsables : il faut les adresser à ceux qui ont associé deux systèmes opposés, et qui n'ont pu, sans s'exposer à quelques contradictions, enter la souveraineté du peuple sur la Charte de Louis XVIII.

Si l'on nous disait que les électeurs ne représentent pas la nation , puisqu'ils tiennent leurs droits d'une constitution qu'elle n'a pas faite , à nous ne serait pas la faute de notre argumentation. Dès que la souveraineté de la nation est admise , il faut chercher la nation quelque part ; ce qui nous a paru le plus y ressembler en France , c'est le corps électoral ; et n'est-ce pas , au fond , la pensée vitale de la déclaration du 7 août ? Les partisans du gouvernement actuel ne doivent donc pas nous reprocher la facilité avec laquelle nous avons accepté leur point de départ ; vouloir nous pousser à bout , ce serait se détruire eux-mêmes , et rendre visible à tous qu'ils ont proclamé souverain un être qui n'est pas encore constitué , et dont l'existence légale est insaisissable.

On ne pourrait prétendre d'ailleurs que le droit des Chambres , au 7 août , ait été produit par *la violation de la Charte constitutionnelle*. Si la Charte avait reçu des atteintes , elle donnait elle-même les moyens d'y pourvoir. L'art. 13 portait : « La personne du Roi est inviolable et sacrée ; ses ministres sont responsables. » — Et dès lors le trône respecté , les ministres mis en accusation ; tel était l'ordre légal. Au lieu de cela , les Députés ont fait appel à un principe plus élevé , et se sont placés dans un monde nouveau. La volonté du peuple est devenue leur règle ; et qu'on se le rappelle bien , il est de l'essence de la souveraineté populaire de ne s'abdiquer jamais.

Présentée à des législateurs, il a fallu traiter cette question selon la rigueur des principes, et cependant celui qui écrit ces lignes n'a jamais dit, dans son cœur : *Périssent les Colonies !*....... Il n'aurait pas essayé ce pénible travail, s'il n'avait cru remplir un devoir de bon citoyen.

L'intérêt général du pays lui paraît réclamer que l'urne électorale ne soit inaccessible à personne. Plaise au ciel que ses prévisions ne se réalisent pas ! Mais si venait un jour où la cause de l'ordre social, privée d'un grand nombre de ses défenseurs, fût sur le point de succomber, combien on regretterait d'avoir éloigné de la lutte des hommes de conscience et d'honneur !

En temps de révolution, les adversaires du passé deviennent souvent un appui contre ceux de l'avenir ; n'élevons pas entre nous des barrières ; que le nom de Français soit encore un lien ! déjà si faible, hélas ! n'achevons pas de le rompre.

Profondément convaincu que le serment électoral ne peut pas être exigé d'après les lois actuelles, et que, du moins, son abolition serait une conséquence nécessaire de la dernière révolution et un bienfait pour la France, le soussigné ose recommander à la haute impartialité de la Chambre, le double chef de sa pétition.

R. DE L.

Alais, 27 octobre 1830.